노을속 둥지

지성 · 감성의 메타언어
조선문학시인선 · 264

노을속 둥지

김 경 남 시집

조선문학사

■ 책을 내면서

홍수처럼 범람하는 글들 속에서 또 하나의 공해가 되지 않을까 염려되지만 함량미달임을 자인하며 부끄럽지만 나와 함께 공감하며 곁에서 벗이 되어준 시를 마음 가는대로 그냥 그대로 내보낸다.

한 작품이라도 공감하는 누군가가 있다면 다행이라고 생각되고, 이 시집을 펴내도록 격려해 주신 P교수님께 감사드린다.

깊어가는 가을에 이 시집과 함께 마음이 통하는 누군가를 만나고 싶다.

2009년 中秋
김경남 씀

김경남 시집 **노을속 둥지**

제3부 된장독 소묘

제4부 諷詩調편

제4부 시집평설

제1부

구도 救道

구도(救道) · 1

"그러면 우리가 믿겠노라"

"자기를 구원하고 십자가에서 내려오라"
"소경인 그들이 어찌 보리요"
"귀머거리인 그들이 어찌 들으리오"

영과 육의 불화
빛과 어두움의 불화

주님의 발에 값비싼 향유 부은
마리아를 향한
가룟 유다의 불화

눈뜬 자와 눈먼자의 불화다

십자가 밑에서 자기를 죽인자만
눈 열리고 귀가 들려
하나님과 화해

이웃과 화해
나와의 화해

화해의 열쇠 주어 지나니

구도(救道) · 2

힘겨운 하루 일과 마치고
지친 마음 허공에 던진다
가슴 깊은 미련들도
함께 벗어 던진다

빈 마음 하늘에 올라
뿌리 내리면
영혼의 줄기 자라고
그 줄기 따라가면
길이 보이리

황혼의 빛 지기전
어둠의 장막 내리기 전
길을 찾아야 해
내 본향 가는
길을

성찬식

세상에서 가장 값진
상차림의 초대

뱀의 허물을 벗은 자들의
거룩한 행렬

골고다 언덕에서
베푸신 피의 만찬
그 피와 살을 먹고
마시는 자에게 주시는
영생의 약속

회생(回生)의 날

미지의 길을
땅을 머리에 이고
먼지 속을 허우적이며
뭍구나무로 걸었다

가난한 한 목수의
피 흘린 십자가에 걸려
넘어진 어느날

찬란한 새 하늘과
뭇별들의 속삭임
경이와 환희
그리고
안식

시와 나·1

아직 풋기 못 면한
열매

알알이 익히기엔
아직 철이 이른 모양이다

안으로 안으로
시어들 불쏘시게 삼아
풀무질 하면
시의 계절맞아
풋기 가실까

어느날 익어 떨어질
낙과 하나
시로 받아 볼 수 있을까

시와 나·2

노을의 옷을 입고
대관령 자락 거닐던 날

동해바다에 솟는 햇살
욕망의 그리움 불러다
파도로 밀려와 가슴 흔든다

침전한 말문 열렸으나
아직 어눌해
빗금으로 가기 일쑤

그래도 너는 나와 함께
더 깊은 산속으로 가자
더 깊은 산속으로

시와 함께

함께 가자
이 길 끝 닿을 때까지

기쁠때 웃어주고
아플때 싸매 주며

나는 너를 보고
너는 나를 보며

빛살처럼 따스하고
오동잎처럼 너그럽게
그렇게 포용하면서

풀 향기 퍼지는 숲속 길을
새들의 노래 들리는 산속 길도
먹구름 소낙비도 함께 피하며

너는 나를 보고

나는 너를 보며

그렇게 사랑하는 거야
이 길 끝 닿을때 까지

홍 권사님 영전에

말씀의 거울만을 고집스럽게
간직 하신 권사님
계곡을 흐르는 맑은 물처럼
낮은 곳 골라 딛고 가신 행보에
고개를 숙입니다

7호실
전광판 앞
반짝,
불 켜짐
형상의 힘, 살아지는 순간
하늘의 것, 땅의 것
분리
하늘의 것은 하늘로
땅의 것은 땅으로

슬픔을 넘어,
엄숙한 교시

갇혀 있던 육신 벗은
새 생명
자유로운 몸 되어
약속의 말씀 따라가는
골고다의 언덕

다시 고통이나 눈물 없는 곳
그 곳은 우리의 꿈, 소망
권사님의 승리
주님의 승리로 빛납니다

가시는 길
손 들고 찬양하며
환송 합니다

마음의 거울

거울 앞에 서면
화장(化粧)으로 화장(火葬)한
내가 보인다

들여다 보고 또 들여다 보면
죽음 저쪽에서 살아 돌아오는
내 백조가 보일까

너울 너울 춤 추며
돌아 오는
내 마음의 호수

보일까
마음의 거울 앞에 서면
혼으로 돌아오는
백조의 삶으로 살아가는
내가 보일까

나이테

물기 마르지 않은 몸으로
거울 앞에 선다

온갖 세제로 씻어내도
지워지지 않는 세월의 얼룩
이마를 가로지르는
나이테

과일은 익으면 맛을 더하고
나무는 나이테가 감길수록
결 고운 무늬목이 되는데

사람의 나이테는
감기면 감길수록
자장(磁場)의 힘을 잃는다

질긴 코일로 감겨 박동하는
빛으로 밝히는
그런 생명을 충전하는 나이테는 없는 것인가

제2부

무채색 위에 채색을

자목련

강릉 옛집 화단에 핀 자목련
어찌 내 그리움 알고
피어 반길까

봄이면 해걸이 없이
아미 사이로 피어
주름 걷우던 꽃

아직 내 가슴에 피가 도는 것을
어찌 알고
저리 붉은 꽃잎으로 피어
부활 할까

봄

언제부터 겉옷 벗겼을까
일제히 맨 옷 차림이다

칭칭 감은 목도리가 쑥스러워
살며시 풀어 손가방에 넣는다

동막교 다리밑엔 가슴 활짝 연
냇물이
새끼 오리떼 등에 업고 유유히 흐른다

어찌 알았을까
동면의 낙엽이불 제치고
파아란 순 아기손들

깊은 겨울 잠만 잤는데
쉬지도 주무시지도 않고
일하시는 손길
잠 깨우시고

행동으로 일 하시는분 보이는데

아직도 깨어나지 못하는
정가 물가 가자로 항렬 같이한 것은
한 밤중
그분의 손길로도 깨울 수 없는 것일까

봄의 스케치

가지 끝 높이 앉아서
비상(飛翔)을 예비하는
날개짓의 백조
목련

울타리 칭칭 둘러싸고
굽은 등 펴지 못한 채
봄을 깨우는 황금의 나팔수
개나리

그 중 작은 키로
봄을 이고 있는
노랑머리 민들레

제마다의 몸짓과
표정으로
봄을 말하는
꽃 말

봄의 축제

누가 보낸 E-mail일까
화면 가득
개나리 진달래 목련이 핀다

피워 벌이는
꽃들의 축제
축제 속으로 꽃말을
전송한다

나리나리 개나리
달래달래 진달래
옛 시인 김소월이 뜨고
백선(白扇)을 펼쳐든
이름 모를 여인도 뜬다

나는 무슨 꽃말로 불리울까
불리어
축제를 즐기는 관객이 될까

꽃비가 내린다

꽃비가 내린다
내린 꽃비에 날개 젖고도
나비는
훨훨 날갯짓이
더 신명난다

날아간 나비 저쪽으로
내리고도 젖지 않는
꽃비는
벚나무 가지들이 뿌리는
낙화였구나

꽃이 아름다울 수록
낙화 또한 아름답듯이
삶도 삶다운 삶은
떨어지면서 시작되는것

그 시작과 끝으로 긋는

한줄의 빗금
그것이 생인것을
이제야 알것 같다

5월의 산하

붉은 꽃잎으로도
희디흰 순백으로도
지배하지 못했던 산하
초록 군단이 점령했다

무혈 쿠데타
총칼도
대포도
탱크도 동원하지 않고
입성한 그린 군단

매연으로
산성으로
오존층의 파괴로 앓는
자연을 치유하는 그린 군단의 간호부대
적십자 깃발 없이도
자연을 소생시키는 십자군단이다

처서(處暑)

꿈뻑꿈뻑 눈 꿈뻑이듯 날이 가고
꿈뻑꿈뻑 눈 꿈뻑이듯 달이 간다
눈 꿈뻑이며 달아나는 세월을 아미사이로 보내며
헐떡이는 한 마리 짐승

처서가 지나자 시원한 바람기 돌고
찜통 더위도 견고한 고집을 푼다
제 이름 값 톡톡히 해내는 처서

여름내 잠들었던 나의 분신들도 깨워
결실의 계절 벗하며
내 이름 값 해야지

아직 풋기 못 면한 열매들
잔서(殘暑)로 익히며
파아란 하늘바라기로 서서
내 얼굴부터 익힌다

백로(白露)

처서와 추분 사이로
절후의 길이 하나 열리더니
백로가 찾아왔다

오고 감을
스스로 알아서 하는
무위(無爲)의 질서
순환의 이 귀거래사는
어느 분의 작시(作詩)일까

찜통 더위의 혹서를
뒤로 하고
잠시 숨을 고르는
가을의 문턱에서
계절의 귀거래사를
가슴으로 읊어본다

산 밤나무 아래서

등산 길에서
반짝반짝 빛나는
알밤을 주웠다

햇볕만 먹고도 익어
토실토실 살이 찐
아람을 토하는데

사람들은 온갖 좋은 것
다 먹고도 익지 못해
풋기만 토하나니

무위로 익힌 알밤
인위로 익힌 인간

인간도 무위로 돌아가면
알밤 같은 열매
떨굴 수 있을까

수림 속 서신

기지마다
수화신호로 송신(送信)하던 잎새들
업무가 끝났는지
손짓을 멈추었다

응신으로 보내온 주서(朱書)의
답신들이
수북히 깔려 있다

무슨 말들이 오고 갔을까
해독은 불가

다만
읽지 않고도 판독 할 수 있는
묵시의 언어로
계절을 읽는다

반달

호수위에 네어 던져진채
동동 떠서
홀로 노 젓는다
두려움에 하얗게 질린
아기반달

밤 으슥하면 종종걸음으로
구름 따라 가다가
새벽녘엔 그만 돌아서 버리는
아기반달

시골길 길동무하고
주절주절 옛이야기 나누며
함께 걷던
아기반달

가을나무의 이별

한잎 두잎 낙하하는
가을의 무게
나무가 종지부 찍어 떠나 보내는
이별

푸른 정기(精氣) 영혼으로
하늘로 돌려 보내고
남은 체온 뿌리에 나눠주고
몸째 던지는 투신
낙엽

가을의 수림

빽빽하던 숲
헐렁하게 비워낸다
가지에서 가지로 건너 뛰던
바람 아닌
바람이 훑고 지나간 모양

한철 푹신한 그늘 잘 쉬었으면
돌아 가는 것이
순환의 진리리니

한발짝도 내 디딜 수 없는
직립의 숙명
한잎 한잎 뜯어 보내는
가을의 수림은
지금 고향으로 가는 발자국을
찍고 있다

귀뚜리

분명 송신(送信)은 송신인데
암호처럼 풀길이 없다

함부로 밤길 다니다
다칠라

함부로 탐식하다
체할라

외롭다고 별 훔쳐보다
날밤으로 새울라

이런 메시지가 들어 있는 것은
아닐까

풀어보면
저 미물들의 송신에도
삶이 들어 있는 것을

찌르
찌르
찌르르

무채색 위에 채색을

검은 차일 내려
온 지면 동면하는 동안
하늘에선
소리 없는 암호로 꽤 부산했나 보다

아침 커튼을 열자
하늘의 꽃잎들이
나이아가라 폭포로 내리 꽂히는 빗금

하늘 땅
길과 숲
모든 경계 지우고
참새 떼들의 소란하던 언덕
깊게 패인 골짝
냄새나던 오물더미
새하얀 설화로 덮인다

이 순백의 거대한 대지 설화지 삼아

기축년(己丑年) 새해
은 빛
분홍 빛
파란 빛 칠해
한 폭 그림으로 담아본다

옷 벗은 나무

한랭전선에 밀려
놀란 나무들
쳐든 가지마다
생의 편련들을 떨궈낸다

밤 사이 무슨 개벽이라도 있었던 것일까
온 몸 벗기운채
부들부들
떨고 있다

새 옷 입혀지기 까지엔
멀고 긴 고행의 행보

벗은채 견디는 인동(忍冬)의 나무일수록
더 두꺼운 계절의 옷을 입을 수 있다
깊은 어두움의 터널 끝에서
여명의 아침을 맞듯이

어찌 인생이라고 다르랴
멀고 지리한 엄동(嚴冬)을 견디고 나면
봄을 맞는 것을
맞아 꽃잎으로 가슴 하는 것을

제3부

된장독 소묘

오늘의 선물

커튼을 열자
반달이 낮달로 떠
서역(西域)으로 발걸음 재촉 한다

재촉한 발걸음을 좇으며
시작되는
하루

하루의 시작과 함께
하루의 끝에 닿을
행려의 행보

하루는
신이 주신 선물

고장난 시간

오늘은 하지
장마비가 올것이란 보도
다가선 창엔
우수(雨愁)가 서렸다

서린 우수 저쪽으로
회색 하늘이
누워 있다

며칠째
거둬 내지 못한 탓인지
입을 봉하고 살았다

서랍 속에 집어넣은
정지된 시계처럼
삶의 의미가 단절 될 무렵

뜻밖에 받은 전화 한통

피가 돌아
입을 열었다
충전, 그래
삶도 충전이 필요 한 거야

너의 간 빈 자리

너의 빈 자리를
비(悲)가 내려 채웠다

비움은 채우기 위해
있는 것

채움으로 비움은
가득 한 것

비(悲)도 같음인가
채울수록 범람 해
비울 수록
가득 했다

너의 빈 자리에
오늘도 비(悲)가 내리고
내려서
가슴 가득 봇물로 넘친다

Focus 신문

어릴 때는 누우런 빛 마분지 공책을 썼지
연필로 한번 쓰고, 지우고 또 한번 쓰고
해어져 구멍이 뚫릴 때 까지 쓰고 또 썼지

세월 바뀐 요즘
전철 안에 1장씩 들려지는 Focus
아침 눈요기 끝나자
1시간도 못 살고
선반 위에 던져진다

냉큼 냉큼 수거하는 손길에 들려
폐지로 묶여가는 Tocus

먼 훗날엔
그나마 종이가 존재할까
존재해
공책이나 신문 구실 할까

거대한 그림

인위의 손으로는
칠 할 수도
모방 할 수도 없는

가지째
나무째
산째 화판이 되는
거대한 그림 한점

개나리 울타리 도열하고 서서
불어대는 황금 나팔
눈 녹은 숲속엔 붉은 화관을 쓰고
생글대는 진달래

정물 아닌 살아있는
실물 그림

화가의 손놀림 없이도

그려지는
이 그림의 주인은
누구일까?

대관령 옛길 그리워

굽이굽이 돌때마다
통돌이 세탁기가 땟물을
세척하듯
가슴을 헹궈 낸다

나염 색소 풀어 넣은적 없는데
전신에
푸른 물이 배인다

여섯 개의 새로 뚫은
터널 지나가는
강릉행은 축지법으로 지척인데

대관령
옛 고지의 그리움은
아득함으로 멀기만 하구나

3·1절 아침

대설주의보!
밤새도록 진눈깨비가 내렸나 보다
검은 땅 위에 희끗희끗한 얼룩이

밤 1시를 기해
철도 전철 파업
발묶인 국민들의 허탈감

국회 비정규직 문제
전면 반대, 외치고 불태우고

H국회의원 여기자
성 추행 보도

북한, 위폐관련 보도
잘 해 보겠다던 구호 설설(說說)끓는데
국민들 마음은 설설(雪雪)얼어만 가는
3.1절 아침이다

3·1절의 함성

낯선 먼 나라 이야기 같이
90년의 긴 잠

일어나라!
선열들의 피가 부른다

하느님!
3월은 오만과 갈등 없는
꽃이 피게 하소서

3·1 경축일 앞에 하고
깨어나라 국혼(國魂)이여
메아리 없는 함성

해빙기(解氷期) 3월에는

늙은 호박

드높은 가을 하늘 아래
누우런 호박이 익어 간다

봄 여름 풍우대작(風雨大作) 겪고
푸르름의 계절을 넘으면

황금의 옷 갈아 입고
들판의 제왕처럼 앉아

내면으로 내면으로
맛과 향 밀어 넣는 성숙한 호박

가을의 풍요를 선사하는 계절에
늙은 호박에서 또 하나
내어줌의
묵시를 읽는다

된장독 소묘

된장독을 손질하던 내 손에서
옛날 시어머님 손을 본다
"장 떠내고 손질 잘 해야 한데이"
하시던 말씀에
'그까짓 냄새나는 된장'

그러던 내가
오늘은 며느리에게
시어머님 말씀을 되뇌이고 있다

인스탄트 바람이 몰려와
장독 날려 버리고
우리 밥상 점령한 오늘
'잔소리 일뿐'

나는 말 대신 장독에게 호소한다
맛을 내어라
된장에 맛이 돌아

시어머님 말씀 할 수 있기를

방부제로 절여진 식탁
독 없는 식탁으로
거듭날 수 있을까

레니의 삶

레니의 눈에 불이 켜진다

정원에서 참새 몇 마리 정적을 쪼아
껍질을 벗기다가
허공에 한발을 들어 불을 뿜는
레니의 표효에
참새 눈알을 굴리다 휙 날아간다

앞발 번쩍 들고 일어서는 허세
털 빗겨주면 몸째 내어 맡기는 신뢰
매를 맞아도 꼬리치고 달려드는 애교
한돐맞는 레니는
사람보다 철이든 우리집 식구다

레니
네 얼굴 네 착한 눈에 서리운 애소의 그늘
하지만
벗겨주지 못하는 숙명처럼 목에 걸고 다니는

가죽 목거리와 쇠사슬

겨울 추위에도 여름 더위에도 집에 들이지 못하는
안스러움이야

어찌 인생이라고 다르랴
가죽보다 쇠줄보다 더 질긴 인연의 줄에 매여
사람들은 그것을 운명이라 한다

그러나
매임이 자유보다 더 큰 사랑이고 행복인 것을
레니*
너는 모르리......

※ 레니 : 우리 집 개 이름.

밤비 내리는 밤

뚜덕뚜덕 뚝 뚝 뚝
느슨하게 풀린 발자국
소리로 보아
필시 쇠진하고 지친 것임이
분명하다

더러는 절룩이고
더러는 외발로 걸어오는
패잔병의 퇴로

밤새 이어진 행렬로 보아
어쩌면 2차세계대전 때
패퇴하다 몰살당한
이승을 떠도는 혼령들의 행렬이나 아닐까

뚜덕뚜덕 뚝 뚝 뚝
밤새
이마를 밟고 가는
발자국 소리

베트남 기행

– 통킹만의 보트 피플

검은 바다에 던져진 목숨들
유람선 밑을 맴돌면서 소리치다
원딸라 원딸라.....

갓 태어난 핏덩이를 안고
태어나면서 거지된
구걸하는 고사리 손

호찌민은 죽었어도 방부처리 하러
러시아로 갔다는데
살아 숨쉬는 저들
땅 위에도 못 오르고
파도 위에서 죽어가는가

펄럭이는 붉은 깃발
주문 같은 혁명 구호에
눈 멀고 귀먹은
베트남 사람들

쇠고기 수입 반대 시위

광우병 막으려는
촛불 시위
번져만 가고
번진 촛불 끄려는 물대포
화력보다 강하다

물 불 못 가리는
바작 바작 타 들어 가는
국민들의 민심이 밝힌
불은 어찌 끄려는가

수입 쇠고기 맛 잃은 입
국산 쇠고기 맛도 잃어
국민들 밥맛마저 잃지 않을지

제4부

諷詩調편

대 보름 날 불놀이

달 보고 기원 하는 사람들
쥐불놀이로 달맞이 하는 사람들 내려다보며
보름달 불호령하길 “부끄러워 얼굴 못 내밀겠다”

사람 탈 쓴 늑대

양의 탈 쓴 늑대가 나타나 양을 잡아먹는 동화는 옛말
요즈음은 사람의 탈 쓴 늑대가 나타나서 사람 잡아먹지
먹고 먹히는게 동물세계, 요즘 것들 짐승이 다 돼서

고장난 네비게이션

지금 여의도는 고장난 네비게이션이라고 하데
수리 하지 못할바엔 치워 버리든지 박살 내버리면 될 걸
고장난체 방치하고 있으니 국민혈세로 기름값만 지불할 판

이조 오백년 망령이

이조 오백년 당파 싸움만 일삼다 빼앗긴 나라
선열들의 고귀한 피로 다시 찾았으나
이조의 망령이 되살아 났는지 당파싸움으로 영일이 없으니

복박(福朴)

푸른 집 기름진 옥토에 왕박씨 심었으니
놀부 심뽀 삿대질일랑 이젠 그만 하고 북돋아주고 거름주면
가을에 금은보화 쏟아져 흥부네 팔자필지 누가 알아

옥토(沃土)

요즈음 기름진 흙 다 어디 가고 돌밭만 남았는지
죽을 죄 안 저질렀는데도 함부로 돌을 던져
결실은 옥토에서만 되는 법, 돌밭에 열매 맺힐까

국민의 뜻?

싸잡아 국민의 뜻 운운 하는 경칠놈들
국민이 인질인가 제뜻대로 다루려 들다니
우국 충정 백전노장 시퍼렇게 눈뜨고 있는데

국회 무용법 먼저

사사 건건 말싸움, 기싸움, 몸싸움 이더니
한술 더떠 법정싸움, 거리 싸움이라니
국회 무용법 먼저 통과해서 국세나 줄이지

CCTV 감옥

요즘 CCTV 판매상이 호황이라데
이 호황 덕에 이미 온 나라가 CCTV로 뒤덮일 전망
범인들은 피해 다니고, 양민들은 CCTV감옥에 갇혀 살아야 할판

공생 공멸

진딧물과 개미는 공생관계지만 비리는 없지
입으로 떠드는 공생·상생엔 왜 그리 비리뿐일까
개미의 삶이 참 삶이란 걸 배우시는게 어떨지

석면 세례

어린 아기때 부터 석면 덮어 기르니
성인이 되기까지 석면 세례를 받아온 셈
요즘 암 암 암 하고 암 보험이 판을 치는 것도 그래서였네

공복이 도둑

공무원이 국민의 공복이라 믿고 맡겼더니
노약자, 기초생활 수급비 끼리끼리 빼앗아 몰래 훔쳐먹다니
총칼들고 부잣집 터는 날강도들 보다 더 잔인한 도둑 놈들

클렌부테롤

중국산 육수액에, 심장질환 유발하는 클렌부테롤 함유
몸보신하려 갈비탕 곰탕 즐겨먹었더니 그 육수 속에 독물이
어이구머니나 떨리는 심장 치며 한마디 무얼 먹고 산담

국회

법의 전당 국회 몽둥이 망치난무가 웬말
국민들이 잘못 보냈으니 4년은 참아야지
참자, 참자, 참자 또 참자 네 번 구호로 외치며

부끄러운 국회

걸핏하면 자리펴고 드러눕기, 몸싸움 일삼기니
난장판도 상난장판 아니던가
국민들 여의도 째려보며 하는 말 "잘 논다, 잘 놀아"

생명은 게임이 아니다

감옥은 열리는 문이고 허물은 벗을 수 있는데
울화를 살리면 매임이고 울화를 풀면 생명인데
노대통령은 새로운 생명으로 거듭날 수 있었는데

4대강 살리기 수로 운하건설

박통때 고속도로, 지하철 놓고 험구들 입방아 올렸지
4대강 살리기도 그 재판쯤
입방아에 찧여져 망가지지나 않을지

북핵 심각해지면

일핵(日核) 무장론 살금살금 본색드러내
중국(中國)에 보내는 경고라고 명분 세우지만
이차대전(二次大戰) 도쓰게기 망령(亡靈) 되살아나지 않을지

제4부

시집평설

■ 시집평설

현대적 企劃으로서의 시법 두루 갖춰

박 진 환
(문학평론가 · 문학박사)

1. 前提

시를 읽는 대부분의 독자들은 시 속에 들어있는 의미찾기나 정서적 감동으로 만족하고자 한다. 그러나 시를 익히 알고 있는 독자들은 그것이 관념이었건 정서였건, 그것을 어떻게 드러냈느냐 하는 레토릭에 관심하게 된다. 전자적 경우가 하위개념의 접근법이라면 후자적 경우는 상위개념의 접근법이라고 할 수 있다. 그것은 시가 단순한 감상이나 의미차원의 것에서 끝나는 언어미학이 아니고 언어로써 어떻게 드러냈느냐 하는 언술적 기교로서의 가치를 찾고자 하는, 한차원 높은 곳에서 시를 이해하고 접근하고자 하기 때문이다.

흔히 시를 말할 때 의도적 제작이니, 기술이니, 의도니, 기획이니 따위 등을 동원한다. 그리고 이를 총체적으로 집약해 말할 때 현대적 기획이라는 말을 쓴다. 여기에서 현대적 기획이란 일종의 언어를 다루는 기술로서, 정서나 관념 따위의 자연발생적인 것을 기술적인 것으로 대체했음을 의미한다.

현대적 기획이란 새로운 시법들을 총칭하는 명명이다. 이른바 자연발생적인 정서의 노출을 객관적 상관물을 발견, 형상으로 재구성해내는 것이나 서로 동떨어진 이질적 요소를 폭력적으로 결합해내는 엘리엇류의 시법인 원인적 비유와 같은 것은 그 대표적인 현대적 기획이라고 할 수 있다.

그뿐만이 아니다. 상반의 균형을 통한 의도적 상충이나 상충을 통해 긴장을 고조시켰다가 의외의 것으로 화해를 이끌어냄으로써 긴장을 해소시켜 카타르시스를 체험하게 하는 아이러니나 펀도 빠뜨릴 수 없는 현대적 기획으로서의 시법의 하나다.

그런가하면 서로 동떨어진 것을 상상력의 최고 단계인 위트로 결합시켜 통합적이고도 마술적인 힘으로 개조해내는 컨시트도 빼놓을 수 없는 그 중의 하나다. 이 외에도 러시아 형식주의자들의 전매특허였던 낯설게 쓰기나 전경화를 통한 변용의 미학도 예외는 아니다.

이와같이 현대시법을 대표하는 것들은 예외없이 현대적 기획에 해당된다고 할 수 있고, 현대시는 바로 이러한 시법에 의해 씌어지고, 이렇게 씌어졌을 때 현대시란 이름으로 불리우게 된다.

문제는 이러한 시법의 동원없이 자연발생적으로 씌어진 정서나 관념의 시가 버젓이 행세하고 있는 것이 현실이고 또 많은 독자들이 여기에 잘 길들여져 있다는데 있다.

그 때문에 시법이 없는 시가 난무하고, 이런 시가 자연스럽게 수용되고 있다는 데도 문제는 있다. 일테면 현대시에 편입될 수 없는 시가 시적 무지에 의해 시 행세를 한다는 뜻이고, 이를 많은 독자들이 즐기고 있다는 뜻이다.

현대문학은 수용론적 관점에서 해석되고 이해되고 있는 것이 현실이다. 문학작품에 대하여 그것을 수용하는 쪽이 그 작품에 관여하고 또 다른 문학적 기능을 발휘, 그 문학성을 살피는 일종의 수용미학이 추세를 이루고 있다. 독자가 발표된 작품에 참여, 나름의 상상력을 개입시키고, 상상력으로 재구성하며 독자에 의해 새로운 작품으로 탄생되는 수용론적 관점에서 문학이 이해되고 있다는 뜻이다.

이 점에서 보면 시법이 없이 씌어진 시의 경우 독자가 개입할 상상력의 통로가 없게 된다. 그것은 상상력에 의해 재구성할 가치를 지니고 있지 못하기 때문인데, 그 때문에 현대적 기획물이 아닌 시는 시로써의 가치를 상실하게 된다.

김경남 시인이 상재한 두번째 시집 『노을속 둥지』는 전제에서 보면 시적 존재가치를 지니고 있게 된다. 그것은 시인이 동원한 레토릭들이 현대시법에의 충실에서 시를 출발시키고 있음을 보여주고 있고 그 점에서 시적 설득력을 훌륭히 지니고 있게 된다. 시를 제시, 이를 구체화 했을때 시집 『노을속 둥지』에 대한 이해를 도울 것으로 본다.

2. 현대적기획으로서의 여러 시법의 양태

김경남 시인이 즐겨 차용한 현대시법은 몇 가지로 제시될 수 있을 것으로 본다. 그 중 가장 즐겨 쓰는 레토릭이 설의법의 동원이다. 몇 편의 시를 제시해 보자.

가) 아직 풋기 못 면한
열매

알알이 익히기엔
아직 철이 이른 모양이다

안으로 안으로
시어들 불쏘시게 삼아
풀무질 하면
시의 계절맞아
풋기 가실까

어느날 익어 떨어진
낙과 하나
시로 받아 볼 수 있을까

나) 거울 앞에 서면
화장(化粧)으로 화장(火葬)한
내가 보인다

들여다 보고 또 들여다 보면
죽음 저족에서 살아 돌아오는

내 백조가 보일까

너울 너울 춤 추며
돌아 오는
내 마음의 호수

보일까
마음의 거울 앞에
혼으로 돌아오는
백조의 삶으로 살아가는
내가 보일까

다) 강릉 옛집 화단에 핀 자목련
어찌 내 그리움 알고
피어 반길까

봄이면 해걸이 없이
아미 사이로 피어
주름 걷우던 꽃

아직 내 가슴에 피가 도는 것을
어찌 알고
저리 붉은 꽃잎으로 피어
부활 할까

예시 가)는 「시와 나·1」, 나)는 「마음의 거울」, 다)는 「자목련」의 각각 전문이다. 예시들은 예외없이 자기 혼자만의 물음이나 추측의 뜻과 함께 자기 스스로의 의사를 나타내는 '…

르까'의 설의를 곁들이고 있다.

이러한 설의는 기실 화자 스스로가 쉽게 단정을 내릴 수 있는 것을 다시 의문을 제기, 독자 스스로의 판단을 이끌어 들이려는 다분히 의도적인 설의법에 해당된다. 그리고 이러한 설의법의 동원은 마치 소설에서 작가가 의도적으로 사건의 실마리를 독자에게 넘겨, 독자 스스로의 개입을 유도함으로써 수용론적 관점을 계산에 넣는 수법과 같다고 할 수 있다.

스스로가 단정적으로 판단할 수 있는 것을 짐짓 독자에게 전가, 독자의 상상력을 개입시킴으로써 시적 효용을 이끌어내고자 하는 계산된 수법이란 뜻이다.

예시 가)에서는 시를 '아직 풋기 못면한 열매'로 이동하면서 그 이유를 '아직 철이 이른 모양'이라고 둘러댄다. 그러면서 '안으로 안으로 / 시어를 불쏘시게 삼아 / 풀무질하면 / 시의 계절 맞아 / 풋기 가실까'로 설의하고 있다. 그러면서 언젠가 풋기가 가신 완성된 한편의 시를 얻고자 하는 염원을 '어느날 익어 떨어진 / 낙과 하나 / 시로 받아 볼 수 있을까'로 다시 설의를 곁들임으로써 시인의 시의식과 시에 대한 겸양, 시에 대한 열정, 시에 대한 염원을 변용으로 재구성해 냄과 함께 설의가 독자를 유인해 시적 설득력과 함께 시의 효용을 최대화하고 있다.

예시 나)에서는 마음의 거울을 통해 자신을 발견하고자 하는 피사체로서의 자아만이 아닌 내면에 감추고 있는 자아마저도 발견하고자 한다. '들여다 보고 들여다 보면 / 죽음 저쪽에서 살아 돌아오는 / 내 백조가 보일까'와 함께 '보일까 / 마음의 거울 앞에 서면 / 혼으로 돌아오는 / 백조의 삶으로 살아가는 / 내가 보일까'고 혼으로서의 백조, 내면적 자아로서의 백조를 발견하고서도 짐짓 '내 백조가 보일까', '내가 보일까'로 설의하는 것은 화자의 레토릭 동원이라 할 수 있다.

예시 다)도 예외는 아니다. 고향집 마당에 핀 자목련을 '어찌 내 그리움 알고 / 피어 반길까'고 감정이입을 통해 환기되는 정서를 설의로 대체하면서 동시에 '아직 내 가슴에 피가 도는 것을 / 어찌 알고 / 저리 붉은 꽃잎으로 피어 / 부활할까'라고 자목련의 색채이미지를 피가 돌아 새로운 생명력을 획득하는 '부활'의 의미로 이동, 이를 설의로 다시 대체함으로써 역시 효과적 진술을 획득해 내고 있다.

예시 외에도 시 「봄」에서의 '그 분의 손길로는 깨울 수 없는 것일까'나, 「봄의 축제」에서의 '나는 무슨 꽃말로 불리울까'나 '축제를 즐기는 관객이 될까', 그리고 「산밤나무 아래서」의 '떨굴 수 있을까'나 「귀뚜리」에서 '이런 메시지가 들어 있는 것은 / 아닐까'를 비롯해 시 「FOCUS신문」, 「거대한 그림」, 「된장독 소묘」, 「밤비 내리는 밤」에서도 즐겨 설의법을 동원하고 있음을 보여주고 있다.

다음으로 지적할 수 있는 레토릭이 펀, 아이러니, 양극화와 같은 시법들의 동원이다.

가) 너의 빈 자리를
비(悲)가 내려 채웠다

비움은 채우기 위해
있는 것

채움으로 비움은
가득한 것

비(悲)도 같음인가
채울수록 범람 해
비울수록
가득했다

너의 빈 자리에
오늘도 비(悲)가 내리고
내려서
가슴 가득 봇물로 넘친다

나) 북한, 위폐관련 보도
잘 해 보겠다던 구호 설설(說說) 끓는데
국민들 마음은 설설(雪雪) 얼어만 가는
3·1절 아침이다

예시 가)는 「너의 간 빈자리」 전문이고 나)는 「3·1절 아침」의 종연이다. 예시 가)에서는 '비(雨)'와 '슬픔(悲)'을 소리값으로 동일시, 빈자리의 공허가 환기시키는 슬픔을 '悲'로, 슬픔을 채워 범람하게 하는 것을 '비(雨)'로, 서로 이질적 요소들을 속성으로 결합시켜 슬픔으로서의 '悲'와 고여 범람하는 비로서의 '비(雨)'를 교묘히 결구시켜 주고 있다.

예시 나)에서의 시어 '설설(說說)'과 '설설(雪雪)'은 같은 맥락성을 갖는다. 앞의 설설은 설왕설래하는 들끓는 여론을, 뒤의 설설은 설설끓는 여론과는 반대로 끓기는 커녕 설설로 얼어붙기만 하는 극한 대립성을 보여주고 있다. 역시 펀의 시적 효용을 잘 살려주는 예들이다.

주지하다시피 펀은 단순한 말장난으로서의 언어유희가 아니라 의외의 연상으로 동떨어진 것을 결합시켜 주는 컨시트에 값하는 시적 효용으로 작용한다. 이 점에서 펀은 언어유희가 아니라 시를 시답게 하는 기발한 착상으로서의 레토릭을 담당하게 된다.

다음은 아이러니의 시편들을 제시해 보자.

가) 어찌 인생이라고 다르랴
　가죽보다 쇠줄보다 더 질긴 인연의 줄에 매여
　사람들은 그것을 운명이라 한다

　그러나
　매임이 자유보다 더 큰사랑이고 행복인것을
　레니
　너는 모르리…

나) 여섯 개의 새로 뚫은
　터널 지나가는
　강릉행은 축지법으로 지척인데

　대관령
　옛 고지의 그리움은 아득함으로 멀기만 하구나

예시 가)는 「레니의 삶」 일부이고, 나)는 「대관령 옛길 그리워」 일부이다. 예시 가)에서의 '레니'는 화자가 기르던 애견의 이름으로서 항시 목에 가죽 목걸이를 숙명처럼 걸고 살아야 했던 애견이다. 인간도 다를 것이 없어서 '가죽보다'. '쇠줄보다' 더 질긴 인연을 고리로 걸고 산다. 같은 소의로 해서 인간과 개 또한 그런 인연을 걸고 사는 것이 애견과의 관계인데 그 때문에 '매임이 자유보다 더 큰 사랑이고 행복'이 될 수 있게 된다. 그것은 매임이 곧 인간과의 인연의 고리를 견고히 하는 고리역할을 해주기 때문이다. 그러나 이러한 등식은 자유에서 보면 구속이란 불행이 된다. 고로 매임이 곧 '사랑이고 행복'이라는 등식은 시적 진술에서만이 가능하게 된다. 이럴 때 아이러니는 곧 과학적 모순을 진실에 값하는 것으로 개조해 내는 마술적 기능을 지닌 레토릭이 되게 된다.

예시 나)의 '강릉행은 축지법으로 지척인데' 옛 그리움으론 '아득함으로 멀기만 하구나'도 역시 아이러니다. 축지법으로 금방 다가갈 수 있는 강릉이 옛 그리움으론 아득히 멀기만 하기 때문에 상반의 것이 된다. 그러나 여섯 개의 새로 뚫린 터널 덕분에 거리가 단축돼 가까운 것은 현실이고, 현실 뒤의 옛 그리움으로는 멀고 먼 대관령이 있기 때문에 이런 상반의 이치는 성립된다.

아이러니를 일컬어 相反의 均衡이라고 한다. 서로 반대되는 것이 밀고 당기고 끌고 밀어내는 이질적 상충성을 극복하고 교묘히 화해를 이루어냄으로써 잡히는 균형, 그것이 아이러니로서 현대시에서는 시의 절대적 조건쯤으로 받아들이는게 아이러니다. 예시들이 아이러니를 즐겨 차용했다는 것은 김경남 시인의 시가 현대시의 반열에 편입될 수 있다는 증거가 된다. 그리고 아이러니의 상반과 상충성은 양극화를 필연화한다. 이 양극화 또한 현대시가 즐겨하는 동떨어진 것의 갈등을 고조시켜 긴장을 유발시켰다가 이를 화해로운 관계로 합일시킴으로써 카타르시스를 체험하게 한다는 점에서 빼놓을 수 없는 레토릭이 된다. 김경남 시인의 시가 보여준 레토릭은 이점에서도 증명된다고 할 수 있다.

끝으로 한가지 더 지적하지 않을 수 없는 것이 제3부에 수록된 諷詩調다.

풍시조는 풍자쪼로 쓴 자유시로 시법상으로는 양극화, 위트, 펀, 컨시트 등의 시법에 의존되나 시적 노림수는 '순수한 痛懲'을 시의 역할이나 효용으로 차용한다. 이 점에서 형이상시와 맥락을 같이 하는, 오늘날과 같이 부조리, 비리, 악행이 판을 치는 시대에는 꼭 있어야 할 시대를 담아내는 容器로서의 구실을 담당하게 된다.

김경남 시인의 諷詩調도 예외가 아닌것 같다. 그것은 김경남 시인의 풍시조가 이 시대의 비리나, 부조리, 그리고 악행들을 대상으로 '순수한 통징'을 감행하고 있기 때문이다. 시를 제시했을 때 이해를 도울 것으로 본다.

가) 양의 탈 쓴 늑대가 나타나 양을 잡아먹는 동화는 옛말
요즈음은 사람의 탈 쓴늑대가 나타나서 사람잡아 먹지
먹고 먹히는게 동물세계, 요즘것들 짐승이 다 돼서

나) 요즘 CCTV 판매상이 호황이라데
이 호황덕에 이미 온 나라가 CCTV로 뒤덮일 전망

범인들 잡으려다 양민들 CCTV감옥에 갇혀살지 않을지

다) 박통때 고속도로, 지하철 놓고 험구들 입방아 올렸지
4대강 살리기도 그 재판쯤
입방아에 찧여져 망가지지나 않을지

예시 가)는 풍시조 「사람 탈 쓴 늑대」, 나)는 「CCTV감옥」, 다)는 「4대강 살리기 수로 운하건설」의 각각 전문이다.

예시 가)에서는 약육강식의 힘의 논리를 통렬히 비판하면서 그 이유를 인간도 동물세계와 같이 '요즘 것들 짐승이 다 돼서'라고 고발한다. 강자와 약자의 먹이 사슬이 곧 약육강식으로서 세계의 힘의 질서, 경제질서가 고스란히 이 룰에서 자유스럽지 못한 것이 오늘을 살아가는 현실이다. 이를 어찌 외면할 수 있단 말인가.

예시 나)는 살인, 강도가 들끓는 악행이 판치는 세상이 돼 버린 현실에서 범인들을 잡기 위해 여기 저기 CCTV를 설치, 감시하고 있는데 악행자를 쫓고 감시하는 것이 아니라 되레 선량한 양민들이 감시카메라에 포위되어 갇혀 살게 되는 영어된 현대인의 뒤바뀐 수인의식을 신랄히 비판, 고발하고 있다.

그리고 예시 다)는 4대강 살리기라는 미명으로 대운하 밑그림을 그린다는 여론이 그치지를 않는게 현실이다. 그래서 4대강 살리기의 여론의 입방아가 4대강 살리기도 전에 여론에 밀려 있는 둑도 무너지지 않을까 하는 비판의식을 담고 있다.

예시들이 보여주고 있는 예외없는 현실의 비판과 고발을 통한 통징의 감행, 이것이 諷詩調의 몫이고 김경남 시인은 이몫을 자

신의 시에 잘 실천해 주고 있다고 보여진다.

3. 결어

이상은 김경남 시인의 두 번째 시집 『노을속 둥지』를 일별해 본 소견에 불과하다. 그러나 이 소견을 집약했을 때 김경남 시인의 시에 대한 평가는 이루어질 것으로 여겨진다.

결론은 김경남 시인의 시가 현대시법에의 충실에서 시를 출발시킴으로써 현대시의 반열에 끼일 수 있다는데 모아지는데 이는 시집 『노을속 둥지』가 지닌 시적 값어치이자 거둔 성과로 제시될 수 있다고 본다.

김경남 시인은 1931년 경기도 이천 출생으로 32년간 교직생활을 했고 문예사조에 시가 당선되어 등단했다. 한국문인협회, 생활문학회, 조선문학, 크리스천 문학, 운현시문학회, 한국펜회원으로 활동하고 있으며 생활문학 시부문 대상을 수상했다. .시집에 『노을 속을 나는 새』, 『노을 속 둥지』 가 있다.

E-mail : skfdmsmsto@hanmail.net

조선문학시인선 264

노을속 둥지

2009년 10월 5일 인쇄
2009년 10월 10일 발행

지은이 / 김경남
발행인 / 박진환
펴낸곳 / 조선문학사
등록번호 / 1-2733
주소 · 110-092 서울 서대문구 홍제2동 96-4
대표전화 / 730-2255
팩스 / 723-9373

ISBN 978-89-93614-17-6

정가 8,000원